PROCÉDÉS

DE

REPRODUCTION DES DESSINS

PAR LA LUMIÈRE.

Paris. — Imp. Gauthier-Villars et fils, 55, quai des Grands-Augustins.

BIBLIOTHÈQUE PHOTOGRAPHIQUE

PROCÉDÉS

DE

REPRODUCTION DES DESSINS

PAR LA LUMIÈRE

Par R. COLSON,

Capitaine du Génie.

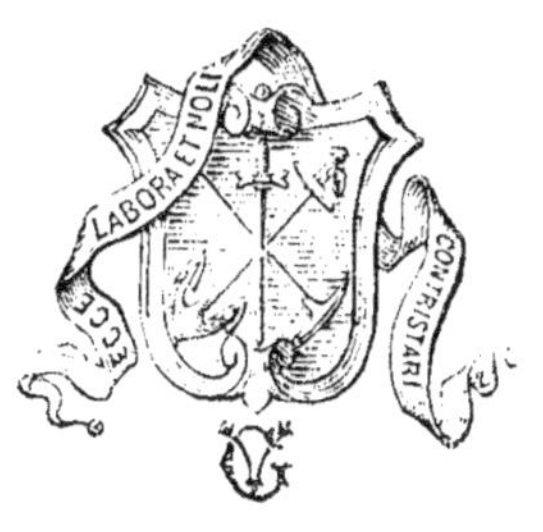

PARIS,

GAUTHIER-VILLARS ET FILS, IMPRIMEURS-LIBRAIRES

ÉDITEURS DE LA BIBLIOTHÈQUE PHOTOGRAPHIQUE

Quai des Grands-Augustins, 55.

1888

PRÉFACE.

Il existe un certain nombre de procédés, plus ou moins simples et pratiques, pour obtenir sur papier, par l'action de la lumière, la reproduction d'un dessin sans employer la presse : nous allons passer en revue les principaux, en insistant sur les plus faciles et les moins coûteux, qui sont susceptibles de rendre d'importants services dans un grand nombre de circonstances.

Nous ne nous occuperons ici que de la reproduction de dessins sans modification d'échelle : l'étude des amplifications et des réductions exigerait un exposé détaillé des appareils et procédés photographiques, qui nous ferait sortir du cadre plus modeste que nous nous sommes fixé ; nous renvoyons, pour ces opérations, aux Ouvrages qui traitent de l'emploi des chambres noires, avec ou sans objectifs, et des manipulations servant à obtenir les clichés négatifs par les procédés aux sels d'argent.

Les détails que nous donnerons sont fondés sur des principes qui sont connus depuis long-temps, mais dont les applications sont encore peu répandues, du moins en ce qui concerne précisément les procédés les plus simples et les plus utiles ; nous n'en parlerons que d'après les études et recherches que nous avons faites nous-même sur ce sujet avec l'aide de M. Marby, adjoint principal du Génie.

PROCÉDÉS

DE

REPRODUCTION DES DESSINS

PAR LA LUMIÈRE.

PRINCIPES.

On sait que la lumière agit sur certaines substances, en présence de matières organiques telles que papier, gomme, albumine, gélatine, collodion, etc., et leur fait subir une modification chimique qui transforme leurs propriétés : le plus généralement ces substances, dites *sensibles*, perdent, par cette action, du chlore ou de l'oxygène qui se combine à une partie de l'hydrogène de la matière organique. Si l'on décompose la lumière au moyen du prisme, on constate que les rayons violets et ultra-violets sont ceux qui possèdent cette propriété au plus haut degré ; on les nomme, pour cette raison, rayons *chimiques* ou *photogéniques*.

Si donc on place sous un dessin original un papier imprégné d'une de ces substances, l'action de la lumière, étant plus forte au travers des parties claires que des parties noires, déterminera sur la surface sensible une altération qui reproduira le dessin.

Les principales substances sensibles dont on se sert aujourd'hui dans l'application que nous avons en vue sont :

1° Le chlorure d'argent, ainsi que l'iodure et le bromure du même métal.

2° Le citrate et le perchlorure de fer, seuls ou mélangés aux acides tartrique et citrique.

3° Le bichromate de potasse.

I. — Sels d'argent.

Sous l'action de la lumière, le chlorure d'argent noircit : il se décompose en argent et chlore ; ce gaz s'unit à une partie de l'hydrogène de la matière organique qui sert de support au chlorure.

Pour imprégner de chlorure d'argent une

— 3 —

feuille de papier, on l'imbibe d'une dissolution de sel marin, puis on la plonge dans une dissolution d'azotate d'argent; le chlorure d'argent se forme par double décomposition, et, comme il est insoluble dans l'eau, il reste emprisonné dans les fibres du papier. Cette opération et le séchage doivent se faire dans l'obscurité.

Si l'on dispose sous un dessin ce papier. lorsqu'il est sec, et qu'on expose le tout à la lumière de façon que celle-ci traverse le dessin original avant d'arriver sur la surface sensible. le chlorure d'argent placé sous les parties claires noircit, tandis que celui qui est placé sous les parties noires est protégé et reste non altéré. On se débarrasse de ce dernier au moyen de l'hyposulfite de soude, qui le dissout, et il reste sur le papier un dessin dont les parties noires correspondent aux parties claires du dessin et inversement: c'est un dessin *négatif*, qui sert à son tour, comme *cliché*, à reproduire, au moyen d'une autre feuille de papier au chlorure d'argent et par un procédé identique, un nombre indéfini de dessins *positifs*, dans lesquels les parties noires du dessin original sont alors représentées en noir, et les parties claires en clair. S'il y avait des demi-teintes, elles seraient rendues avec la proportion de leurs teintes.

Le papier photographique ordinaire est recouvert d'une couche d'albumine dans laquelle on a incorporé le chlorure d'argent.

L'iodure d'argent s'emploie surtout avec le collodion comme support. On le produit comme le chlorure, par double décomposition : la solution de coton dans l'éther et l'alcool, qui constitue le collodion, est additionnée d'un iodure soluble, qui est le plus souvent l'iodure de potassium : on verse ce mélange sur une lame de verre ; l'éther et l'alcool s'évaporent, et il reste une pellicule de coton imprégnée d'iodure de potassium. On plonge la lame de verre dans une dissolution d'azotate d'argent. Il se forme de l'iodure d'argent, qui reste emprisonné dans les fibres de la pellicule. Cette surface sensible, impressionnée par l'image d'un objet, ne reproduit pas celle-ci sans une opération ; il faut, pour faire apparaître l'image, employer un agent révélateur, comme le sulfate de fer ; sous l'action de ce réactif, qu'on verse sur la surface impressionnée, l'image se développe peu à peu par la décomposition de l'iodure et le dépôt d'argent métallique. L'iodure d'argent non décomposé par la lumière est enlevé par une dissolution d'hyposulfite de soude ou de cyanure de potassium.

Le bromure d'argent est ordinairement combiné à la gélatine ; il forme ainsi le gélatino-bromure, dont la sensibilité est telle qu'il suffit d'une fraction de seconde pour l'impressionner : c'est ce mélange qui est généralement employé en Photographie, sur verre, sur pellicule ou sur papier, pour recevoir les images de la chambre noire. La lumière ne le colore pas comme le chlorure, mais y produit, comme avec l'iodure, une image latente qu'il faut ensuite faire apparaître au moyen d'un agent révélateur, l'oxalate de fer par exemple ; sous l'action de ce réactif, l'image se développe peu à peu par la décomposition du bromure et le dépôt d'argent métallique. On se débarrasse du bromure non impressionné au moyen de l'hyposulfite de soude.

Les procédés aux sels d'argent donnent des dessins d'une grande finesse, mais ils sont coûteux et relativement compliqués.

Nous les citons ici parce qu'ils sont pour ainsi dire classiques, et que la netteté de leurs réactions permet de bien définir les termes photographiques. Ce sont ces trois sels et surtout l'iodure et le bromure qui forment la base de la

Photographie, c'est-à-dire de l'art de fixer les images par l'action de la lumière : ils possèdent, seuls, une sensibilité assez grande pour être impressionnés en peu de temps ; aussi sont-ils seuls employés pour les amplifications et réductions de dessins, parce qu'il faut passer par l'intermédiaire de la chambre noire, et que la lumière reçue alors par la surface sensible est beaucoup moins forte que celle qui traverse un dessin à reproduire sans modification d'échelle.

Comme l'étude de ces amplifications et réductions exigerait un exposé complet des procédés de Photographie, ce qui sortirait du cadre plus modeste que nous nous sommes fixé, nous renvoyons, pour leur exécution, aux Traités de Photographie.

II. — Sels de fer.

On utilise, avec les sels de fer, deux réactions qui produisent des dessins en bleu de Prusse ; l'une, employée dans le papier au *ferro-prussiate*, donne un dessin négatif : l'autre, dont on se sert dans le papier au *cyanofer*, donne un dessin positif.

Ces deux procédés sont fondés sur ce fait que,

sous l'action de la lumière, les sels de fer au maximum sont transformés en sels au minimum, et que les premiers donnent du bleu de Prusse avec le prussiate jaune de potasse, tandis que les seconds en forment avec le prussiate rouge.

La solution dont est imprégné le papier au ferro-prussiate se compose de : prussiate rouge de potasse, citrate de fer et gomme. On impressionne ce papier au travers du dessin original, comme avec les sels d'argent, on lave à grande eau, et l'on obtient un négatif à traits blancs sur fond bleu dont on peut tirer des positifs à traits bleus sur fond blanc.

Voici une bonne formule pour la confection de cette solution :

Eau...............................	80^{cc}
Gomme............................	4^{gr}
Citrate de fer ammoniacal.......	8
Prussiate rouge de potasse	8

On l'étend sur le papier avec un blaireau, comme il est indiqué plus loin pour le cyanofer.

La solution cyanofer est formée de : perchlorure de fer, citrate de fer, acide citrique ou tartrique et gomme. Lorsque le papier a été impressionné au travers de l'original, on développe dans une dissolution de prussiate jaune de potasse qui fait apparaître l'image en bleu, puis on lave à l'eau acidulée. Ce procédé donne directement un positif en traits bleus sur fond blanc ; il est plus rapide que le précédent, il dispense de l'emploi d'un négatif intermédiaire qui altère toujours la netteté des traits, et il permet l'emploi ultérieur des teintes conventionnelles.

Ce papier se trouve dans le commerce, ainsi que le papier au ferro-prussiate ; mais, comme il est beaucoup moins coûteux de le préparer soi-même, que cette préparation est facile, et qu'on a ainsi, en outre, l'avantage de choisir son papier suivant l'application qu'on a en vue, nous allons exposer en détail ce procédé, qui peut rendre de grands services.

PROCÉDÉ DONNANT DES DESSINS DIRECTS A TRAITS BLEUS SUR FOND BLANC.

Exécution du dessin original. — Si l'on exécute soi-même le dessin original, il est bon d'y apporter quelques soins particuliers que nous allons indiquer.

Le mieux serait de prendre du papier calque, bien homogène et bien blanc, car une coloration jaune arrête les rayons chimiques ; dans le cas où des considérations spéciales s'opposent à l'emploi du papier calque, on pourra se servir d'un papier plus épais, présentant le moins de grain possible ; dans ce cas, on rendra le papier transparent, une fois le dessin terminé, en passant à l'envers une éponge imbibée d'un mélange d'huile de ricin et d'alcool à parties égales, puis on enlèvera l'excédent du liquide au moyen d'un papier buvard ; il sera facile ensuite de faire disparaître l'huile, si cela est nécessaire, lorsque le dessin aura cessé de servir comme cliché, en plongeant le papier dans de l'alcool absolu.

Lorsque le dessin doit recevoir des teintes conventionnelles, on fait d'abord la reproduction du trait.

Le trait doit être bien nourri et bien continu : on n'emploiera que des couleurs arrêtant les rayons chimiques.

Les traits noirs seront faits à l'encre de Chine, avec addition d'un peu de gomme-gutte, ou de bichromate de potasse, qui offre, outre sa coloration jaune, l'avantage de devenir insoluble sous l'action de la lumière ; seulement, avec le bichromate, qui est un poison, il faut avoir soin de ne pas porter à la bouche le tire-ligne et la plume. On emploiera de préférence, pour le rouge, le vermillon, pour le bleu, le bleu de Prusse, pour le jaune, le jaune de chrome, pour le vert, un mélange de bleu de Prusse et de jaune de chrome.

Préparation de la solution sensible. — La solution sensible qui nous a donné les meilleurs résultats se compose, pour 100^{cc} d'eau, de :

Gomme, 10^{cc} d'une solution à 15 pour 100 d'eau ;
Citrate de fer, 15^{cc} d'une solution à 15 pour 100 ;
Acide citrique, 5^{gr} ;
Perchlorure de fer, 10^{cc} d'une solution à 45° Baumé.

On fait le mélange dans l'ordre indiqué ci-dessus, qui a son importance, car le perchlorure de fer, versé directement sur la gomme seule, la coagulerait. On doit employer de l'eau distillée ou de l'eau de pluie, de préférence à l'eau ordinaire qui contient souvent une forte proportion de sels calcaires.

Les solutions séparées de citrate de fer et de perchlorure de fer se conservent indéfiniment, cette dernière toutefois à l'abri de la lumière ; mais il n'est pas nécessaire de préparer ces solutions longtemps d'avance, car le papier rendu sensible par ce procédé se conserve en bon état pendant des années, à la condition d'être gardé dans un endroit sec et dans l'obscurité ; on peut donc faire une provision de papier sensible pour quelque temps.

Sensibilisation du papier. — Le papier est choisi d'après l'application qu'on se propose ; s'il doit recevoir des teintes conventionnelles, on prendra un papier épais. Le papier ordinaire dit écolier donne aussi de bons résultats.

La solution sensible est filtrée au travers d'une flanelle, puis étendue sur le papier au moyen d'un blaireau, que l'on passe doucement et successivement en différents sens afin d'obtenir une couche égale, bien unie et dépourvue de bulles. Cette opération se fait en plein jour. On fait ensuite sécher le papier dans l'obscurité, en le suspendant par un de ses côtés.

Exposition à la lumière. — L'exposition à la lumière se fait dans un châssis-presse identique à ceux dont on se sert en Photographie. Cet appareil se compose d'un cadre en bois dont le fond est formé par une lame de verre, et dans lequel peut entrer un volet à charnière qui est pressé contre le verre par des barres munies de ressorts. On place à l'intérieur du châssis le dessin à reproduire, l'endroit contre la glace, puis, par-dessus, la feuille de papier sensible, de façon que la surface impressionnable reçoive la lumière au travers du dessin original; on recouvre le tout d'un matelas formé de quelques feuilles de papier, puis on pose et l'on fixe le volet; celui-ci, serré par les ressorts des barres, presse les feuilles de papier contre le verre et assure un bon contact entre la surface sensible et le dessin à reproduire. On retourne le châssis et l'on expose à la lumière.

La durée de pose dépend de l'épaisseur du papier que la lumière doit traverser et de l'intensité de cette lumière. Au soleil, en été, il suffit d'une minute pour un papier d'épaisseur moyenne rendu transparent; en hiver et par un temps couvert, il faut, pour le même papier, une heure environ. Il est d'ailleurs facile de se rendre compte, de temps en temps, de l'état d'avancement de l'action lumineuse, en soulevant une des parties mobiles du volet; la pose est suffisante lorsqu'on aperçoit une teinte brune bien caractérisée sur les parties de la surface sensible qui correspondent aux parties claires de

l'original; l'image est alors négative, c'est-à-dire
que les parties les plus foncées correspondent
aux clairs de l'original, et réciproquement.

Traitement du papier impressionné. — On
retire le papier du châssis et on le dépose doucement, la face impressionnée en dessous, sur
la surface d'une solution de prussiate jaune
de potasse à saturation contenue dans une large
cuvette; afin d'éviter que cette solution ne passe
sur l'envers du papier, ce qui produirait des
taches, on replie préalablement les bords du
papier de quelques millimètres, de façon à
former une sorte de cuvette dans laquelle le
liquide ne doit pas pénétrer: on passe ensuite le
doigt légèrement sur le papier pour chasser les
bulles d'air qui empêcheraient le liquide de
toucher certains points de la surface impressionnée.

Au bout de 4 à 5 secondes, on retire la feuille
de papier et on la suspend verticalement au-
dessus de la cuvette pour l'égoutter; on voit
alors les traits s'accuser en bleu verdâtre et le
fond blanchir: le dessin est alors positif. On
laisse les traits devenir bien nets et bien fermes,
ce qui demande quelques secondes, on lave à

grande eau, soit sous un jet d'eau, soit dans une cuvette, et l'on plonge entièrement le papier dans une cuvette contenant de l'eau acidulée à l'acide sulfurique à 3 pour 100 ; les traits se colorent immédiatement en bleu de Prusse ; après 3 à 4 minutes, on retire le papier et on le lave à grande eau soit avec une pomme d'arrosoir, soit dans une cuvette ; si le fond ne se débarrasse pas complètement, on frotte légèrement avec un blaireau. Enfin, on fait couler de l'eau propre sur l'épreuve pour enlever toute trace de bleu sur le fond et l'on fait sécher.

Toutes ces opérations sont faites à la lumière ; il faut cependant éviter de laisser au grand jour le papier impressionné, depuis le moment où il sort du châssis jusqu'au moment où on le traite par le prussiate.

On voit qu'il faut trois cuvettes, pour le bain de prussiate, pour l'eau acidulée et pour l'eau pure ; la première et la deuxième doivent être en gutta-percha ou en plomb, la troisième peut être en zinc ou en bois rendu étanche par une couche de glu marine ; on fait très économiquement des cuvettes en plomb et en zinc au moyen de feuilles de ces métaux dont on relève les bords tout autour sur une hauteur de $0^m,05$ à $0^m,06$.

Les bains de prussiate et d'eau acidulée se conservent indéfiniment; il faut toutefois les préserver de la poussière, qui resterait à la surface et produirait des taches sur les épreuves. L'eau acidulée se colore rapidement en bleu par les développements successifs; il est bon de la renouveler après une cinquantaine de tirages. Quant à l'eau pure, il faut la changer dès qu'elle est colorée.

Le dépouillement du fond dépend essentiellement de la durée de la pose, car c'est par l'effet de la lumière que la substance sensible du fond devient soluble dans le bain de prussiate; il est donc de la plus grande importance que la pose soit surveillée attentivement.

On enlève facilement les taches bleues, et même les traits du dessin pour modifications, au moyen d'une liqueur formée du mélange des deux solutions suivantes :

100^{gr} d'acide oxalique dans 700^{gr} d'eau chaude à 50°,
125^{gr} de potasse caustique dans 300^{gr} d'eau.

On prépare les deux solutions séparément, puis on les mélange. Cette liqueur s'étend avec un pinceau sur la tache ou le trait à faire disparaître.

Usage. — Le ferro-prussiate donne des demi-teintes, mais le cyanofer ne convient que pour la reproduction de dessins au trait.

Transformation du bleu en noir. — Cette transformation résulte de l'action de l'acide gallique ou du tannin sur les sels de fer ; on obtient ainsi la coloration de l'encre ordinaire. Pour cela, on plonge l'épreuve bleue, qu'on vient de laver, dans un bain formé de 4^{gr} de potasse ou de carbonate de soude pour 100 d'eau, puis, lorsque les traits sont devenus oranges, dans une solution d'acide gallique ou de tannin à raison de 4^{gr} pour 100 d'eau.

Le premier bain a pour effet de produire du sexquioxyde de fer, que le deuxième bain transforme en gallate ou tannate de fer, qui a une coloration noire.

Ce procédé a l'inconvénient de teinter le fond : aussi est-il préférable de s'en tenir à la couleur bleue.

III. — Bichromate de potasse.

En présence d'une matière organique telle que papier, gomme, gélatine, albumine, etc., le bichromate de potasse est décomposé par la

lumière; l'acide chromique perd de l'oxygène
qui se combine à une partie de l'hydrogène de
la matière organique et se transforme en ses-
quioxyde; la couleur se modifie et devient plus
foncée, ce qui permet de suivre la formation de
l'ouvrage et d'arrêter à temps l'action de la lumière. De plus, le composé qui se produit ainsi
est insoluble dans l'eau et communique son
insolubilité aux particules de matière organique
avec lesquelles il est mélangé. C'est sur cette
remarquable propriété, dont les applications
ont été étudiées et divulguées par Poitevin, que
sont fondés les nombreux procédés employés
aujourd'hui pour obtenir des reproductions par
impression aux encres grasses, avec l'intermédiaire d'un cliché photographique.

En ce qui concerne les applications que nous
avons en vue ici, le bichromate de potasse
est susceptible de rendre d'importants services,
d'autant plus que sa sensibilité est assez grande
(il suffit de quelques minutes d'exposition au
soleil), et qu'il reproduit les traits d'un dessin
avec une grande finesse.

Le procédé le plus simple consiste à imprégner
une feuille de papier d'une dissolution de bichromate de potasse à saturation et à placer cette

feuille, lorsqu'elle est sèche, à la lumière sous le dessin à reproduire. On lave ensuite en laissant le papier plongé dans l'eau pendant quelques heures : le bichromate non impressionné se dissout et l'on a un négatif d'une grande finesse, à traits blancs sur fond jaune-gris; les demi-teintes sont aussi très bien rendues.

Mais la différence de coloration n'est pas assez forte pour permettre de bien distinguer les détails, et il importe de la rendre plus prononcée.

On y parvient au moyen des deux procédés suivants : on imprègne le papier non plus seulement de bichromate, mais d'une dissolution de gomme, de gélatine, en un mot d'un agglutinant organique, dans lequel on incorpore une matière colorante très-divisée et qu'on sensibilise au moyen de bichromate. Lorsque le papier a été séché, puis impressionné, on le traite par l'eau, soit froide si l'on a employé la gomme, soit chaude si l'on s'est servi de gélatine; la gomme ou la gélatine mélangée au bichromate non impressionné se dissout, en entraînant avec elle la matière colorante qu'elle contient et en débarrassant le papier qui apparaît en blanc à ces endroits, tandis que la gomme mélangée au bichromate impressionné est devenue insoluble et reste sur

le papier avec la matière colorante qu'elle ren-
ferme.

La Photographie dite au *charbon* n'est autre
chose que ce procédé, avec gélatine et noir de
fumée.

On peut encore, au lieu de mélanger la matière
colorante à la couche bichromatée, recouvrir
cette couche, lorsqu'elle a reçu l'impression de
la lumière, d'une matière colorante qui y adhère
et qui ne disparaît ensuite dans l'eau que dans
les endroits où la couche bichromatée se dissout.

Nous allons décrire en détail ces deux procédés, qui sont utiles lorsqu'on veut obtenir des
reproductions inaltérables à la lumière et à l'humidité.

PREMIER PROCÉDÉ.

On trouve dans le commerce un papier (Ar-
tigue) qui est recouvert d'un enduit de gomme et
de gélatine dans lequel on a incorporé du noir de
fumée; lorsqu'on veut s'en servir, on le sensibilise
en le badigeonnant à l'envers au moyen d'un blaireau trempé dans le bichromate; celui-ci pénètre
dans la pâte du papier et sensibilise l'enduit coloré.
Le papier n'est pas vendu tout sensibilisé, parce
que le bichromate, même sec, en présence de

matières organiques ne conserve pas sa sensibilité au delà de quelques jours.

On peut faire soi-même une préparation analogue avec la gomme seule, ce qui permet d'opérer à froid et très simplement ; les proportions sont les suivantes :

Eau.... .... 100^{cc}
Gomme.................... 8^{gr}
Noir de fumée. .... 2^{gr} environ.

On passe une couche faible sur l'endroit du papier, au pinceau ; lorsqu'elle est sèche et au moment de s'en servir, on badigeonne l'envers avec une solution de bichromate à saturation, en ayant soin de la laisser bien pénétrer jusqu'à la couche colorée.

Ce procédé donne de très bons résultats avec tous les papiers.

Mais il ne peut servir que pour le trait.

Si l'on veut obtenir avec une même préparation soit le trait, soit les demi-teintes, il faut mélanger le bichromate avec la gomme et la matière colorante : nous allons indiquer la façon d'opérer, ces détails pouvant être utiles dans certains cas.

Exécution du dessin original. — Si l'on exécute soi-même le dessin original, il est bon d'y apporter certains soins particuliers que nous avons indiqués en parlant des sels de fer.

Toutefois, comme il faut, avec le bichromate de potasse, passer par l'intermédiaire d'un négatif, il est souvent plus avantageux de dessiner en négatif, c'est-à-dire en traits blancs sur fond noir, le dessin original. On y parvient facilement de la façon suivante :

On trace les traits au moyen de l'encre lithographique noire en bâton, que l'on délaie dans un godet et dont on se sert comme de l'encre de Chine. Lorsque le dessin est sec, on colle le papier sur une planchette par ses bords, comme pour faire du lavis; puis on étend doucement sur toute la surface, avec un blaireau doux, une couche très foncée de brun d'aniline.

Lorsque cette couche est sèche, on passe sur le dessin un tampon de coton imbibé d'essence de térébenthine jusqu'à ce que celle-ci ait dissout et complètement enlevé l'encre lithographique. Les traits apparaissent alors en blanc sur fond brun. On décolle le papier lorsque l'essence s'est évaporée, et l'on a ainsi un bon négatif. Il faut avoir soin de ne pas laisser l'aniline pénétrer sur le dos du papier, afin d'éviter des taches, qui seraient reproduites dans le tirage des positifs.

Préparation du mélange sensible. — On fait sur une lame de verre un petit tas de noir de fumée (ce qui est facile en exposant le verre à une flamme de lampe, de bougie ou de gaz), sur lequel on verse quelques gouttes d'une solution de gomme ayant la consistance d'un sirop; on délaie le noir au moyen d'une spatule plate en bois ou en métal, jusqu'à ce qu'on ait formé une pâte bien homogène qu'on verse dans un verre. Puis on ajoute d'une dissolution de bichromate de potasse à saturation de façon à doubler à peu près le volume. Le mélange bien malaxé est prêt à servir. Si l'on veut rendre des demi-teintes, on filtre au travers d'une flanelle ou d'une mousseline pour arrêter les particules de noir de fumée qui ne sont pas assez fines ainsi que les matières étrangères en suspension dans la gomme. Le mélange étendu sur papier doit lui donner une teinte d'un gris foncé légèrement jaunâtre; si elle est noire et épaisse, il faut y ajouter du bichromate. Après quelques essais, on arrive bien vite à la fluidité et à la teinte convenables.

Comme le bichromate ne garde pas long-temps sa sensibilité en présence des matières organiques, la préparation ne doit être faite qu'au moment de s'en servir; il suffit d'ailleurs de quelques minutes pour cette opération.

La dissolution de gomme et celle de bichromate se conservent indéfiniment et sont préparées d'avance; la première contient 10 pour 100 de gomme, en poids, et la deuxième est saturée par des cristaux en excès.

Sensibilisation du papier. — Le papier du cliché négatif doit être transparent, homogène et dépourvu de grains; celui du dessin positif à obtenir n'est soumis à aucune condition particulière et est choisi d'après l'application spéciale qu'on a en vue; s'il doit recevoir des teintes conventionnelles, on prendra un papier épais, Canson ou autre.

La feuille de papier, quelle que soit sa nature, est bien mouillée, puis collée par ses bords sur une planchette à dessin comme pour le lavis. Lorsqu'elle est sèche, on passe sur sa surface, au moyen d'un blaireau, une couche d'eau gommée (à 10 pour 100), qui a pour but d'encoller le papier et d'empêcher le mélange sensible qu'on appliquera ensuite de pénétrer trop profondément dans les fibres du papier, qui retiendraient emprisonnée une grande partie du noir de fumée. Cette préparation, qui a pour but de ménager un fond blanc, n'est bonne que pour le trait: s'il s'agit de demi-teintes, il faut appliquer directement le mélange sensible sur le papier.

Quand la surface gommée est sèche, on étend par-dessus le mélange sensible, au moyen d'un large blaireau, en ayant soin de ne pas laisser de points blancs et en s'efforçant d'obtenir une teinte sensiblement uniforme.

Il importe que le séchage ait lieu dans l'obscurité: pour cela, on place la planchette dans un endroit obscur jusqu'au moment où le papier sec doit être employé.

Cette sensibilisation ne doit être faite qu'un petit nombre de jours avant la mise en œuvre du papier; le mieux est de l'effectuer la veille au soir et de laisser sécher pendant la nuit.

Exposition à la lumière. — L'exposition à la lumière se fait dans le châssis-presse que nous avons décrit à propos des sels de fer.

On place à l'intérieur du châssis le dessin à reproduire, contre la glace, puis la feuille de papier sensible préalablement détachée de la planchette, de façon que la couche sensible reçoive la lumière au travers du dessin original;

si l'on doit se contenter du négatif comme dessin définitif, on place l'endroit du papier original contre le verre; si l'on veut tirer ensuite un positif, on pose l'envers de l'original contre le verre. On dispose par-dessus les deux feuilles de papier un matelas formé de quelques épaisseurs de papier, puis on pose et l'on fixe le volet; celui-ci, serré par les ressorts des barres, presse les feuilles de papier et assure un bon contact entre la surface sensible et le dessin à reproduire. On retourne le châssis et on expose à la lumière.

La durée de pose dépend de l'épaisseur du papier que la lumière doit traverser et de l'intensité de cette lumière. Au soleil, en été, il suffit de 4 à 5 minutes pour un papier d'épaisseur moyenne; en hiver, par un temps couvert, il faut, pour le même papier, 4 à 5 heures. D'ailleurs il est facile de se rendre compte de temps en temps de l'état d'avancement de l'action lumineuse, en soulevant une des parties mobiles du volet; la pose est terminée lorsqu'on aperçoit une teinte brune sur les parties de la surface sensible qui correspondent aux parties claires du dessin à reproduire; si l'on opère sur du papier mince, l'image se voit à l'envers de ce papier.

Traitement du papier impressionné. — On retire le papier du châssis et on le plonge dans une cuvette plate, en métal ou en bois, contenant de l'eau ; on l'abandonne pendant quelques minutes, puis on passe rapidement et légèrement, dans tous les sens, un blaireau sur la surface impressionnée, pour détacher le noir contenu dans la gomme qui n'a pas été rendue insoluble par la lumière ; le dessin apparaît alors avec les demi-teintes s'il y en a sur l'original. On renouvelle ensuite l'eau de la cuvette, on retourne le papier, et on l'abandonne ainsi pendant 2 à 3 heures, de façon qu'il se débarrasse complètement du bichromate resté soluble et que les blancs du papier soient bien purs.

Enfin on le lave à grande eau et on le suspend pour le faire sécher.

L'opération est la même pour le cliché négatif et pour les reproductions positives.

Usage. — Ce procédé nne des dessins en noir et inaltérables.

Il est clair qu'on peut obtenir un positif avec le mélange sensible indiqué plus haut en partant d'un cliché négatif ordinaire au collodion ou au gélatinobromure sur verre ou sur pellicule, on a ainsi une reproduction dont l'inaltérabilité est précieuse.

Le moyen le plus simple de faire adhérer une poudre colorée sur une couche de gomme bichromatée qui a reçu l'action de la lumière consiste à frotter la surface avec un tampon de coton qui en est saupoudré. Cette opération réussit très bien, en particulier, avec la plombagine.

La couche sensible est formée d'une dissolution de bichromate à saturation que l'on mélange à un volume égal d'une dissolution gommée à 15 pour 100.

On étend ce mélange avec un blaireau sur le papier, en ayant soin de terminer presque à sec pour bien égaliser la couche et enlever les bulles. Après cette opération, qui doit être faite dans un endroit peu éclairé, on laisse sécher dans l'obscurité ; puis on exécute la reproduction comme il vient d'être indiqué dans le procédé précédent ; seulement, ici, il est très facile de suivre la venue progressive de l'image. On frotte ensuite la surface impressionnée avec un tampon de coton plombaginé, jusqu'à ce qu'on obtienne

une teinte grise foncée et uniforme. Il ne reste
plus qu'à plonger le papier dans l'eau, à débar-
rasser les parties claires avec un pinceau et à
laisser la gomme non insolée se dissoudre. Lorsque ce résultat est obtenu, c'est-à-dire au bout
de 20 minutes environ, on lave à grande eau et
l'on fait sécher.

Cette méthode est très simple, très commode,
puisqu'elle permet de bien suivre la venue de
l'image ; mais elle donne des dessins gris comme
le crayon.

Pour avoir une teinte noire foncée, on rem-
place la plombagine par l'encre lithographique
qu'on étend au moyen d'un tampon de coton ou
d'un blaireau doux sur la surface qui vient d'être
impressionnée. Il est bon de coller la feuille de
papier par ses bords sur une planchette pour
faire cette opération. On traite ensuite par l'eau
comme précédemment.

Usage. — Ce procédé ne donne que le trait ;
la matière colorante étant simplement super-
posée à la gomme, disparaît entièrement dans
les endroits où la gomme se dissout, même dans
ceux où la surface seule est attaquée.

Conclusion.

Lorsqu'on ne tient pas à obtenir des reproductions inaltérables, par exemple si ces reproductions n'ont qu'un intérêt momentané, on peut se contenter du procédé au cyanofer, qui donne directement des positifs à traits bleus sur fond blanc.

Mais s'il y a nécessité de conserver ces documents pendant longtemps, et surtout s'ils doivent être exposés à la lumière ou à l'humidité, il est bon d'employer un des deux procédés au bichromate de potasse ; le mélange gomme-bichromate-noir de fumée sera très utile pour les reproductions inaltérables des demi-teintes. par exemple des clichés photographiques: le mélange gomme-noir de fumée avec sensibilisation à l'envers et le procédé à la plombagine ou à l'encre lithographique seront suffisants pour le trait.

FIN.

3.

TABLE DES MATIÈRES.

Paris. — Imp. Gauthier-Villars et fils, 55, quai des Grands-Augustins.

LIBRAIRIE DE GAUTHIER-VILLARS,
55, QUAI DES GRANDS-AUGUSTINS.

Envoi franco dans toute l'Union postale contre mandat de poste
ou valeur sur Paris.

TRAITÉ ÉLÉMENTAIRE
D'ÉLECTRICITÉ

AVEC LES

PRINCIPALES APPLICATIONS;

Par R. COLSON,

Capitaine du Génie.

DEUXIÈME ÉDITION.
IN-8 JÉSUS, AVEC 91 FIGURES DANS LE TEXTE; 1888.
PRIX : 3 FR. 75 C.

Préface de la première Édition.

Ce petit Traité a pour but d'exposer et surtout de faire
comprendre, en peu de pages, les éléments de l'électricité
et les principes de ses applications les plus importantes.

Il s'adresse donc, d'une manière générale, à tous ceux
qui commencent l'étude de l'électricité au point de vue
pratique, et leur permet de se mettre rapidement au
courant de ce qui se dit, se fait et se publie aujourd'hui
dans le domaine, déjà si vaste et chaque jour plus étendu,
de ces merveilleuses applications. Ils y trouveront, pour
ainsi dire, le tronc et les gros rameaux de cette Science,
et pourront ensuite développer leurs connaissances dans
telle ou telle branche au moyen, soit des appareils eux-
mêmes, soit des Traités spécialement consacrés à chacune d'elles.

Afin de faciliter l'intelligence des notions fondamentales, j'ai ajouté une marche et une comparaison qui m'ont servi pour ma formation personnelle, et qui me sont encore souvent utiles dans le service et l'instruction dont je suis chargé ; le lecteur en retirera sans doute aussi quelque profit. Aussi, je mets en tête le Chapitre relatif aux courants, y trouvant l'avantage d'arriver d'une façon simple et commode à la notion simple et commode du potentiel.

On s'étonnera peut-être de ne pas rencontrer, dès les premières lignes, une définition de l'électricité : c'est que, en présence de l'ignorance où nous sommes sur la nature de cet agent physique, et de la grande variété des phénomènes par lesquels il se manifeste, il me semble que cette définition doit plutôt être considérée comme une conclusion ressortant de l'étude de ces phénomènes ; aussi est-elle placée non au commencement, mais à la fin du premier Chapitre, après un exposé sommaire des différents effets des courants.

Je me suis efforcé, dans les six premiers Chapitres, de donner des idées justes et claires sur les notions fondamentales, qu'il est indispensable d'approfondir et de bien comprendre, si l'on veut étudier avec fruit les Chapitres suivants : ceux-ci sont consacrés aux principales applications ; à chacune d'elles j'ai attribué un développement proportionné à son importance, en tenant compte des limites restreintes que je me suis imposées, et des derniers progrès réalisés jusqu'au moment de l'impression.

Préface de la deuxième Édition.

J'ai profité de cette deuxième édition pour tenir au courant les Chapitres relatifs aux applications. De plus, j'ai ajouté un treizième Chapitre, dans lequel est exposée, sur des exemples numériques, la marche à suivre pour calculer les éléments d'une installation d'éclairage au moyen de lampes à incandescence ou à arc alimentées par des piles ou par des machines ; j'ai choisi ces exemples parce que ce sont ceux qui se rencontrent le plus

fréquemment dans les applications de l'électricité, qu'ils
mettent en relief les quelques formules fondamentales
dont on a constamment besoin dans la pratique, et qu'ils
habituent le lecteur aux expressions techniques.

J'espère que cette deuxième édition, ainsi augmentée.
recevra un accueil aussi favorable que la première.

Avertissement de l'Éditeur.

Lorsqu'on veut aujourd'hui, avec un bagage scienti-
fique datant de quelques années, se mettre au courant
de la Science électrique actuelle, on se heurte inévita-
blement à de grosses difficultés. On commence, en effet.
par relire les traités de Physique, pour se remettre en
mémoire des notions qu'on a possédées, mais qu'on a
plus ou moins oubliées ; puis on ouvre les livres spéciaux
qui exposent les applications dans leur état actuel avec
tous les développements que comportent les progrès
considérables réalisés par cette Science dans ces dernières
années. Mais on s'aperçoit bien vite qu'un pas immense a
été franchi ; le langage n'est plus le même et se ressent
de la transformation par laquelle l'électricité a cessé d'être
exclusivement théorique pour entrer dans le domaine de
la pratique ; de nouvelles expressions ont été introduites,
des phénomènes dont il était à peine question dans les
Traités de Physique donnent lieu maintenant à des applications importantes, tandis que d'autres, qui tenaient
une grande place dans ces Traités, ne sont d'aucune
utilité pour le praticien : on est comme perdu dans une
région inconnue, au milieu de volts, d'ohms, d'ampè-
res, etc., et d'une profusion de piles primaires et secon-
daires, de machines, lampes, télégraphes, téléphones,
microphones, moteurs et appareils de toutes sortes, au
milieu desquels on cherche en vain un fil conducteur.
Pour trouver ce fil, il faut alors reprendre un à un tous
ces appareils, les disséquer pour ainsi dire, en s'entou-
rant de renseignements puisés à différentes sources au
courant de la Science, et remonter péniblement et len-
tement aux lois iniales, qui sont réparties dans les Traités
de Physique. C'est une œuvre très longue. très labo-
rieuse, et pour laquelle il est nécessaire de consulter un

grand nombre d'ouvrages, que l'on n'a d'ailleurs pas toujours à sa dispostion.

Chargé de l'étude et de la construction d'appareils électriques, ainsi que de l'instruction des Officiers auxquels ces appareils sont confiés, l'Auteur est passé par ces différentes phases, et a dû procéder à un travail de formation, à cette nouvelle éducation, qui lui a été facilitée par la pratique même des différentes branches de l'électricité; possédant le fil conducteur, il pense être utile en l'indiquant à tous ceux qui, par fonctions ou par goût, veulent se mettre au courant de la Science électrique actuelle par des moyens simples et rapides.

L'Auteur a donc résumé, coordonné, et s'est surtout appliqué à faire comprendre, par une méthode qui lui est propre, les quelques lois très simples qui servent de base aux applications de l'électricité, en insistant particulièrement sur les notions fondamentales, si importantes, et sur certains points délicats qu'il est essentiel d'approfondir, tels que le potentiel, l'utilisation des sources d'électricité et de leurs circuits, le transport de la force, etc.

Cet Ouvrage comprend non seulement l'explication des notions théoriques et des principes des applications les plus importantes, mais encore la description sommaire des appareils les plus employés, avec un nombre suffisant de chiffres destinés à fixer les idées, en tenant compte des progrès réalisés jusqu'au moment de l'impression. C'est donc à la fois un *Traité* pour l'instruction élémentaire, un *Guide* aidant à compléter les explications et une *Introduction* aux Ouvrages plus savants et plus détaillés. Mis à la portée de tous, il comble une lacune, et est destiné à rendre service à ceux qui, en nombre de plus en plus grand, sont désireux de connaître et de comprendre les merveilles de l'électricité.

Paris. — Imp. Gauthier-Villars et fils, 55, quai des Grands-Augustins.

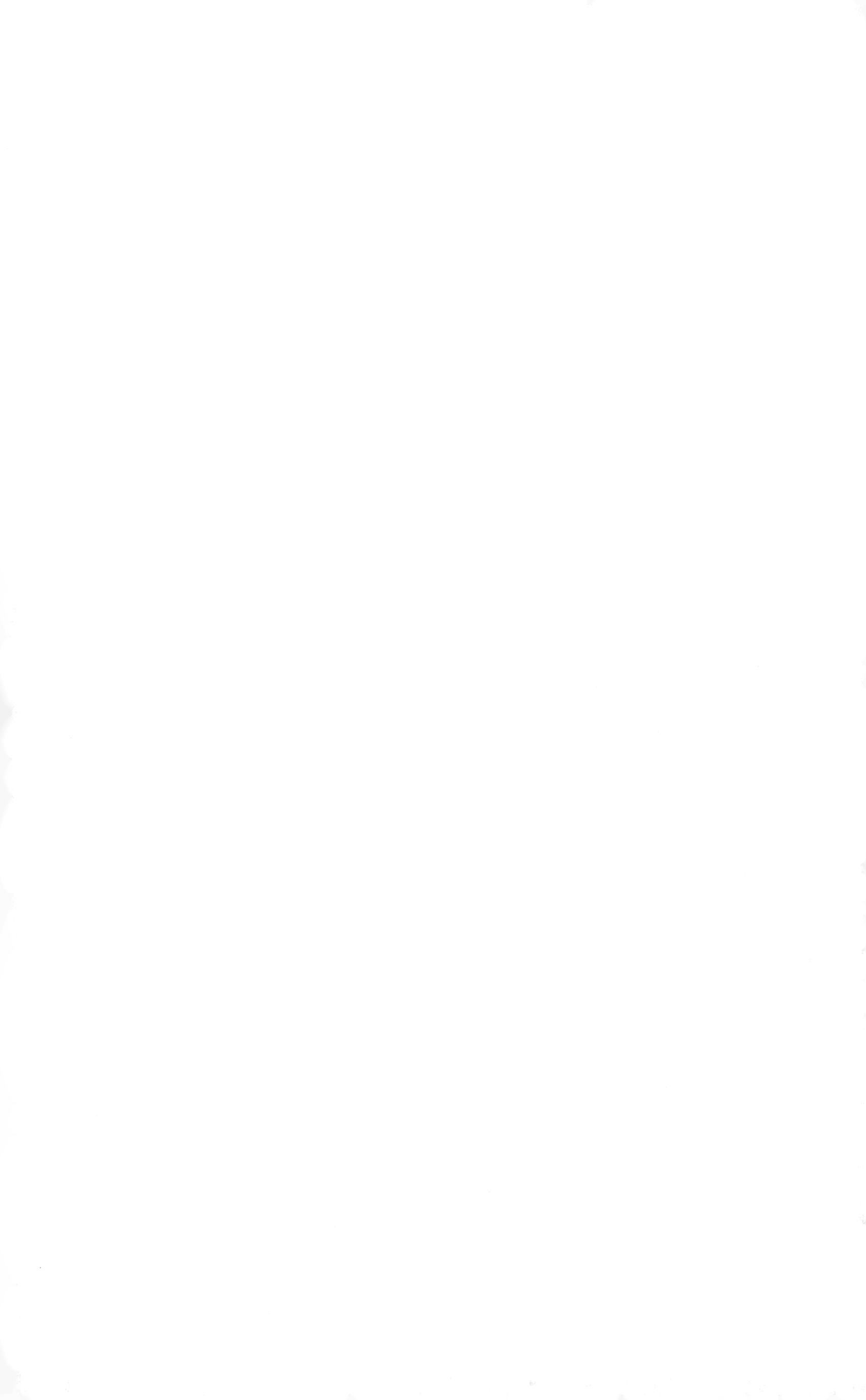

* 9 7 8 2 3 2 9 6 5 5 2 4 6 *